BUDDHA
DER ERWACHTE SPRICHT

BUDDHA DER ERWACHTE SPRICHT

HORIZONTE

Buddha
Der Erwachte spricht
Eine Auswahl aus den Heiligen Schriften
des Buddhismus,
zusammengestellt und herausgegeben von
Hans J. Knospe

1. Auflage. 1992

Umschlaggestaltung: Peter Spiegel, Frankfurt/M.
Druck: Druckservice Reyhani, Darmstadt
Printed in Germany.

ISBN 3-926116-80-3

Inhalt

Vorwort

Im Buddhismus kennt man den schönen Begriff des »Zufluchtnehmens« als bewußten Schritt und Ausdruck des Glaubens. Jeder Mensch, der zum erhabenen Buddha, zur reinen Lehre (Dharma) und zur edlen Gemeinde (Sangha) »Zuflucht nimmt«, kann sich Buddhist nennen. Diese Anerkennung des Begründers der buddhistischen Weltreligion ist jedoch eine rein geistige Handlung und vollkommen unabhängig von einer konfessionellen Zugehörigkeit oder administrativen Verpflichtung.

Wenn die »Zufluchtnahme« vor einem buddhistischen Lehrer erfolgt, wobei man an keinerlei Rituale gebunden ist, die den heutigen Buddhismus besonders stark geprägt haben - zur Freude der einen, zum Leidwesen der anderen - dann erhält man symbolisch einen neuen Namen (in Sanskrit, meist mit englischer Übersetzung).

Ich hatte vor einigen Jahren, nachdem ich mich selbst zur Bahá'í-Religion bekannt hatte, die große Freude, den ehrwürdigen Lama Kalu Rimpoche während seines Besuches im Kamalashila-Institut in der Eifel kennenzulernen. Mir bestätigte sich dabei die tiefe Weisheit und Weitsicht dieses hoch anerkannten Meditationslehrers (u.a. für den Dalai Lama). Im Anschluß an dieses Gespräch erhielt ich von Kalu Rimpoche den buddhistischen Namen: Karma Sherab Gyaltsen (d.h.: Knowledge, Banner of Victory), worin sich für mich eine schöne Übereinstimmung mit meiner innersten Überzeugung ergab, daß Wissen und persönliche Erkenntnis notwendig sind, um das Banner des Sieges auf dem Weg zu der »einen wahren« Religion in allen Religionen zu hissen. Dazu möge diese Auswahl ermutigen.

Ich bedanke mich bei Frau Ingetraut Anders für freundliche Informationen und verweise den interessierten Leser auf ihre Zusammenstellungen mit ausführlichen Kommentaren über die buddhistische Denkweise, herausgegeben im Buddhistischen Seminar, 8581 Bindlach.

Hans J. Knospe

Das ganze Leben als ein Feiertag

Diejenigen Wesen, die zur Morgen-, Mittags- und Abendzeit in Werken, Worten und Gedanken einen guten Wandel führen, diese Wesen haben einen frohen Morgen, einen frohen Mittag, einen frohen Abend. *[A III, 150]*

Für ihr ganzes Leben haben die Geheiligten das Umbringen von Lebendigem, das Nehmen von Nichtgegebenem, Unkeuschheit, Lügen, die Einnahme von Vernunft und Selbstkontrolle trübenden Mitteln, das Essen nach Mittag, Körperschmuck und Luxus, zerstreuende Gemeinschaftsveranstaltungen, hohe, prächtige Lager aufgegeben. Dies alles ist mit ihrem ganzen Wesen unvereinbar. Da will auch ich heute, diese eine Nacht und diesen einen Tag jene Dinge meiden. So werde ich es den Geheiligten gleichtun, und der Feiertag wird von mir gelebt sein. *[A III, 71]*

Ja, Sonne, Mond und Sternenmeer, die sind nur einen Bruchteil wert des achtfältigen Feiertags. Ob Mann oder Frau, wer Tugend übt an diesem Festtag und gute, edle Werke wirkt, der geht tadelfrei zum Himmel. *[A III, 70]*

Über die Vollkommenheit des Erwachten und sein stets gerechtes Verhalten

Der Erwachte im Urteil der Zeitgenossen: Immer ganz gleich bleibt sich der Ehrwürdige, ob er allein weilt oder unter den Jüngern, ob mit hochgesinnten oder üblen Gesellen. Wie man sie antrifft, als Leiter von Schulen, als Weltgenießer oder Weltüberwinder: Dieser Ehrwürdige schätzt nicht irgendeinen geringer. *[M 47]*

Über das, was der Erwachte, Buddha, uns zeigen will

Das Ungeschaffene, das Ende, das Unbeeinflußbare und Einflußlose, die Wahrheit, das sichere Ufer, das unbeschreiblich Feine, das so schwer und doch so einfach Wahrnehmbare, das Unverwelkliche, das dauert, das nie verfällt, das Eigenschaftslose, die Stille, das Unsterbliche, das Erlesene, der Segen, der Frieden, die Versiegung des Durstes, das Erstaunliche, das Einmalige, das von aller Not Freie, das nie krank werden kann. Nirvana, das von Bedrängnis Freie, vom Reiz

Freie, das Reine, die Erlöstheit, das vom Haften abgelöste, das Eiland, Geborgenheit, Schutz, Zuflucht - das will ich euch zeigen: Es ist die Aufhebung von Gier, Haß und Blendung. *[S 43, 12-44]*

Über das Leid

Mit Trauern, Jammern wird im Leben auch nicht der kleinste Zweck erreicht. Der Weise zittert nicht im Unglück, denn er weiß immer noch um rechten Rat.
Und wenn er sieht, daß nichts zu ändern ist, weder durch ihn noch von anderen, dann trägt er klaglos diese Bürde und geht weiter den rechten Weg. *[A V, 49]*

Über das Geben und die Gebefreudigkeit

Sei wahrhaft, diene nicht dem Zorn und gib da, wo man Hilfe braucht. Durch diese drei Eigenschaften erhebst du dich zu den Göttern. *[Dh 224]*

Ein Heilssucher lebt mit einem Gemüt frei vom Makel des Geizes, der Kleinlichkeit, der Engherzigkeit, geneigt zum Loslassen, mit offenen Händen, am Loslassen erfreut, offen für Bitten, glücklich, wenn er Gaben austeilen kann. *[S 55,6]*

Würden, o ihr Mönche, die Wesen die Ernte für das Austeilen von Gaben kennen, wie ich sie kenne, so würden sie nichts essen, ohne gegeben zu haben, und es würde der Makel des Geizes von ihrem Gemüte nicht dauernd Besitz ergreifen. Selbst den letzten Bissen, den letzten Brocken, den sie hätten, würden sie nicht essen, ohne davon auszuteilen, wenn sie Empfänger dafür hätten. Da nun aber, ihr Mönche, die Wesen die Ernte für das Austeilen von Gaben nicht kennen, wie ich sie kenne, essen sie, ohne abgegeben zu haben, und der Makel des Geizes ergreift von ihrem Gemüte Besitz. *[It 26]*

Einstmals weilte der Erhabene in Savatthi im Siegerwalde im Garten Anathapindikas. Da kam die Prinzessin Sumana mit fünfhundert Wagen und einem Gefolge von fünfhundert Mädchen zum Erhabenen, begrüßte den Erhabenen ehrfurchtsvoll und setzte sich seitwärts. Seitwärts sitzend sprach die Prinzessin Sumana zum Erhabenen:

»Wenn da, o Herr, zwei Anhänger des Erhabenen wären von gleichem Heilsvertrauen, von gleicher Tugend, von gleicher Weisheit, und der eine wäre Geber, der andere Nichtgeber. Die gelangten dann beim Zerfall des Leibes nach dem Tode in die glückliche himmlische Welt. Kann da wohl, o Herr, bei ihnen als Götterwesen ein Unterschied sein, eine Verschiedenartigkeit?«

»Ja, Sumana, die gibt es«, sprach der Erhabene. »Derjenige, der da Geber ist, Sumana, der übertrifft als Götterwesen jenen Nichtgeber in fünf Dingen: in himmlischer Lebenskraft, in himmlischer Schönheit, in himmlischem Glück, in himmlischem Ansehen, in himmlischer Macht. In diesen fünf Dingen, Sumana, übertrifft derjenige, der Geber ist, als Götterwesen jenen Nichtgeber.«

»Wenn aber, o Herr, jene, von dort entschwunden, in diese Welt kommen, kann da, o Herr, bei ihnen als Menschenwesen wohl ein Unterschied sein, eine Verschiedenartigkeit sein?«

»Ja, Sumana, die gibt es«, sprach der Erhabene. Derjenige, der da Geber ist, Sumana, der übertrifft als Menschenwesen jenen Nichtgeber in fünf Dingen: in menschlicher Lebenskraft, in menschlicher Schönheit, in menschlichem Glück, in menschlichem Ansehen, in menschlicher Macht. In diesen fünf Dingen,

Sumana, übertrifft derjenige, der Geber ist, als Menschenwesen jenen Nichtgeber.«

»Wenn aber, o Herr, jene beiden aus dem Hause in die Wanderschaft des Suchens hinausziehen, kann da, o Herr, bei ihnen als Wahrheitssuchern wohl ein Unterschied sein, eine Verschiedenartigkeit sein?«

»Ja, Sumana, die gibt es«, sprach der Erhabene. »Derjenige, der da Geber ist, Sumana, der übertrifft als hausloser Sucher jenen Nichtgeber in fünf Dingen: Auf Bitten macht er von dem reichlichen Angebot von Gewändern, Almosenspeise, Unterkunft, Medizin und Heilmittel für den Fall einer Krankheit Gebrauch, nicht ungebeten. Wenn er mit Gefährten zusammenlebt, die auch den Läuterungswandel führen, dann tun sie ihm in Taten, in Worten und in Gedanken Gutes, nichts Ungutes; sie kommen ihm stets entgegen, sind ihm gegenüber nicht abweisend. In diesen fünf Dingen, Sumana, übertrifft derjenige, der Geber ist, als Hausloser den Nichtgeber.«

»Wenn aber, o Herr, jene beiden den Zustand der Erlösung erreichen, kann da bei ihnen als Heilgewordenen wohl ein Unterschied sein, eine Verschiedenartigkeit?«

»Da allerdings, Sumana, gibt es keine Verschiedenartigkeit mehr zwischen Erlösung und Erlösung.«

»Erstaunlich, o Herr, wunderbar, o Herr, wie das doch genug Grund ist, o Herr, um Gaben zu geben, genug Grund, um verdienstliche Werke zu tun. Sind doch verdienstliche Werke hilfreich für Götterwesen, hilfreich für Menschenwesen, hilfreich für hauslose Wanderer.«

»So ist es, Sumana, so ist es, Sumana! Grund genug, um Gaben zu geben, Grund genug, um verdienstliche Werke zu tun. Sind doch verdienstliche Werke hilfreich für Götterwesen, hilfreich für Menschenwesen, hilfreich für hauslose Wanderer.« So sprach der Erhabene, und nachdem er diese Worte gesprochen hatte, fügte der Meister hinzu:

»So wie der klare Mond hinzieht durch das Gefilde des weiten Raums, die Sternenheere in der Welt mit seinem Glanze überstrahlt, so überstrahlt ein Mensch, der reif in Tugend und in Heilsvertrauen ist, die ganze eigensüchtige Welt dadurch, daß er loslassen kann.

Und wie die Donnerwolke, die, umkränzt von Blitzen, schwer geballt, das Hochland und das Tiefland tränkt, wenn sie zur Erde sich verströmt, so überragt der Kenner, der ein Jünger des Erwachten ist, den Engen, Eigensüchtigen als Weiser in fünf Dingen hoch: in Lebenskraft, in hohem Ruf, in Schönheit und in wahrem Wohl. In Fülle lebt er.« *[A V, 31]*

Über die inneren und äußeren Früchte

Almosengeben, Verzichtleisten, Spenden hat große Bedeutung: Aus allen guten und üblen Werken reifen innere und äußere Früchte heran. *[M 117]*

Es gibt eine Saat und Ernte guter und übler Taten. Das Diesseits ist vorhanden, und das Jenseits ist vorhanden. *[M 117]*

Über den rechten Geist

Vom Geist gehen alle Dinge aus, vom Geist geformt, aus Geist gemacht. Wo man verderbten Geistes spricht und aus verderbtem Geiste wirkt, da folgt zwangsläufig Leiden nach wie Wagenspur der Zugtierspur.
Vom Geist gehen alle Dinge aus, vom Geist geformt, aus Geist gemacht. Wo man aus rechtem Geiste spricht und aus geklärtem Geiste wirkt, da folgt zwangsläufig Wohlsein nach, dem untrennbaren Schatten gleich. *[Dh 1-2]*

Über rechtes Wohlsein

Mit den Schätzen, Hausvater, die da der Heilssucher durch Aufbietung von Fleiß und Anstrengung errungen, durch der Hände Arbeit im Schweiße des Angesichts gesammelt hat, den rechtmäßig erworbenen, ehrlich erworbenen, damit macht er sich selber glücklich und zufrieden und wahrt sich rechtes Wohlsein. Vater und Mutter, Frau und Kind, Diener und Gesinde macht er glücklich und zufrieden und wahrt ihnen rechtes Wohlsein. *[A V, 41]*

Über den richtigen Umgang

Wen man zu seinem Freunde nimmt und wen man sich als Umgang wählt, dem wird man eben gleich; denn so wirkt das Zusammensein sich aus.
Der eine nimmt vom anderen an, berührt er ihn, rührt er am anderen. Der Giftpfeil streift von seinem Gift an dem giftfreien Köcher ab. Aus Sorge vor Vergiftung sei der Kenner nie des Schlechten Freund. Wenn einen faulen Fisch ein Mann in duftend Kusagras einhüllt, haucht auch das Gras den üblen Ge-

stank. So ist es, wenn man den Toren folgt. Wenn ein Mann aber Sandelholz in Blätter einhüllt, duften auch die Blätter nach dem Wohlgeruch.
Darum: Wer selbst gesehen hat, wie so der Blätter Duft entsteht, umgebe sich mit Schlechten nicht. Mit Guten gehe der Kenner um. Zum Abweg leiten Schlechte hin, die Guten auf den guten Weg. *[It 76]*

Der ist kein Freund, wer sich um alles kümmert, zu Streiten antreibt, Zwietracht nur zu stiften. - Bei wem uns wohl ist wie an Vaters Herzen, das ist ein Freund, den keiner kann entfremden. *[Sn 255]*

Die fünf Tugendregeln

1. Lebewesen zu töten - das hat er aufgegeben. Dem Töten von Lebewesen widerstrebt sein ganzes Wesen. Ohne Stock, ohne Schwert, einfühlsam, voll Teilnahme, hegt er zu allen lebenden Wesen Liebe und Mitleid.
2. Nichtgegebenes zu nehmen - das hat er aufgegeben. Dem Nehmen des Nichtgegebenen widerstrebt sein ganzes We-

sen. Gegebenes nur nimmt er, Gegebenes wartet er ab, nicht diebisch gesinnt, reingewordenen Herzens.

3. Falschen Wandel in der Begegnung der Geschlechter - das hat er aufgegeben. Einem unrechten, ausschweifenden Wandel im Geschlechterverkehr widerstrebt sein ganzes Wesen.

4. Lüge hat er aufgegeben. Der Unwahrhaftigkeit widerstrebt sein ganzes Wesen. Die Wahrheit spricht er. Der Wahrhaftigkeit ist er ergeben, standhaft, vertrauenswürdig, von den üblichen Ungeradheiten läßt er ab.

5. Berauschende Getränke oder andere die Vernunft und Selbstkontrolle verhindernde Mittel zu nehmen - das hat er aufgegeben. Dem widerstrebt sein ganzes Wesen. Solche nimmt er nicht zu sich.

Über das rechte Reden

Zur rechten Zeit will ich reden, nicht unzeitig. Zur Sache will ich reden, nicht unsachlich. Besänftigend will ich reden, nicht verletzend. Zum Nutzen will ich reden, nicht zum Schaden. Im Geiste der Liebe will ich reden ohne heimlichen Groll. *[D 33, V]*

Leeres Geschwätz hat er aufgegeben. Allem leeren Gerede widerstrebt sein ganzes Wesen. Zur rechten Zeit spricht er, den Tatsachen gemäß, auf den Sinn bedacht, der Lehre und Ordnung getreu. Seine Rede ist reich an Inhalt, klar abgegrenzt, alles umschließend, ihrem Gegenstande angemessen. *[D 33, V]*

Über die üble Nachrede

Das Hintertragen hat er aufgegeben. Dem Hintertragen widerstrebt sein ganzes Wesen. Was er hier gehört hat, das berichtet er nicht dort wieder, um jene zu entzweien. Was er dort gehört hat, das berichtet er nicht hier wieder, um diese zu entzweien. Vielmehr einigt er Entzweite, festigt Verbundene. Eintracht macht ihn froh, Eintracht freut ihn, Eintracht beglückt ihn, Eintracht fördernde Worte spricht er. *[D 33, V]*

Schon die geringste Folge des Hintertragens ist es, daß man eine gespaltene Umwelt hat, daß man Zwietracht in seiner Umgebung, unter seinen Freunden erlebt. *[A VII, 40]*

Die schlechten Eigenschaften übersehen

Was da des anderen Fehler sind, die enthüllt der gute Mensch nicht, selbst wenn er gefragt wird, geschweige denn ungefragt. Wird er nun über die Fehler des anderen ausgeforscht und zur Rede gestellt, so berichtet er nur zögernd und unvollkommen, läßt manches aus und übergeht es. Was aber des anderen Vorzüge sind, die enthüllt der gute Mensch selbst ungefragt, geschweige denn gefragt. Ausgeforscht und zur Rede gestellt, beschreibt er ausführlich und vollständig die Vorzüge des anderen, ohne etwas auszulassen oder zu übergehen. Einen solchen hat man als guten Menschen zu betrachten. *[A IV, 73]*

Die Folgen der bösen und guten Taten

Wenn man nach Rechtem strebt in Wort und Sinn und auch in Werken keinem Unrecht tut, mit vollen Händen spendet, Heilsvertrauen hat, voll Milde, Großmut und Entgegenkommen, verträglich, liebevoll, voll sanfter Rede, dann braucht man sich vor dem Jenseits nicht zu fürchten. *[J 458]*

In aller Welt ist kein Versteck für den Verüber böser Taten: dein Selbst, das sieht es, o Menschenkind, was Wahrheit und was Lüge ist. *[A III, 40]*

Durch Sanftmut überwinde den Zorn in dir, das Böse durch die gute Tat, schenkend besiege den Geiz in dir, die Lüge durch das wahre Wort. *[Dh 223]*

Gequält auf Erden, gequält im Jenseits, an beiden Orten gequält ist der Üble. Den Qualgetroffenen erfaßt Entsetzen, erkennt er seine eigne üble Tat.
Beglückt auf Erden, beglückt im Jenseits, an beiden Orten beglückt ist der Gute, den heiter Frohen erfaßt Entzücken, erkennt er seine eigene lautere Tat. *[Dh 15-16]*

Über Lüge und Wahrhaftigkeit

Lüge hat er aufgegeben, der Unwahrhaftigkeit widerstrebt sein ganzes Wesen. Die Wahrheit spricht er, der Wahrhaftigkeit ist er ergeben, standhaft, vertrauenswürdig, von den üblichen Ungeradheiten läßt er ab. *[M 41]*

Vor Gericht oder von den Leuten oder unter Verwandten oder in der Gesellschaft oder von königlichen Beamten als Augenzeuge vernommen und gefragt: »Wohl denn, lieber Mann, was du weißt, das sage«, antwortet er, wenn er nichts weiß: »Ich weiß nichts«, und wenn er es weiß: »Ich weiß es«. Wenn er nichts gesehen hat: »Ich habe nichts gesehen«, und wenn er es gesehen hat: »Ich habe es gesehen.« So legt er um seinetwillen oder um eines anderen willen oder von irgendeiner sonstigen Absicht bewogen, wissentlich kein falsches Zeugnis ab. *[M 114]*

Wer in dem einen Punkt fehlgeht: Wer von Natur ein Lügner ist und die geistige Welt vergessen hat, ist fähig jeder üblen Tat. *[Dh 176]*

Über harte und grobe Worte

Harte Worte zu reden - das hat er aufgegeben. Dem Aussprechen harter Worte widerstrebt sein ganzes Wesen. Worte, die frei von Schimpf sind, dem Ohre wohltuend, liebreich, zum Herzen dringend, höflich, viele erfreuend, viele erhebend - solche Worte spricht er. *[D 33, V]*

Über die rechte Betrachtungsweise

Und indem er es so der Wirklichkeit gemäß mit vollkommen klarem Blick ansieht, da meidet er die unterscheidende Betrachtungsweise, welche die Vielfalt pflegt, aber jene Betrachtungsweise, die in allem das gleiche sieht, bei welcher aller Arten der Zuwendung zu Weltdingen ohne Überrest aufhören, diese Betrachtungsweise erzeugt er immer mehr bei sich. *[M 54]*

Gar mancher Mensch ist nur so lange einer der Sanften, einer der Milden, einer der Friedsamen, als ihn angenehme Redeweisen berühren. Wenn aber den Menschen unangenehme Redeweisen berühren, dann soll ein Mensch sanft, milde und friedsam wirken. *[M 21]*

Wer trinkt, trennt seine eigenen Wurzeln ab

Wer Wein und Schnaps begehrlich trinkt, als Mensch sich ganz dem Trunk ergibt, der gräbt hier in der Welt sich selbst durch solches Tun die Wurzeln aus. *[Dh 247]*

Sechserlei Elend bringt der Gebrauch von berauschenden Getränken, betäubenden und betörenden Mitteln mit sich: merkliche Geldeinbuße, zunehmende Zänkerei, kränkliches Befinden, in üblen Ruf kommen, schamlos und hemmungslos werden und an Weisheit lahm werden endlich zum sechsten noch. Das ist sechserlei Elend, das der Gebrauch von berauschenden und berückenden Getränken, betäubenden und betörenden Mitteln mit sich bringt. *[D 31]*

Bei Rauschgetränken trinke der nicht mit, der diese Lehre anerkennt als Gläubiger. Er gebe keine aus und stimme nicht dem Trunk zu. »Das endet in Umnebelung«, das weiß er. Denn als Betrunkene richten Toren Böses an und verleiten andere Leute auch zum Leichtsinn. Man meide dieses Gebiet der üblen Folgen, das so benebelt, blendet und betört.« *[Sn 398-399]*

Das himmlische Dasein in der nächsten Welt

Da hat einer Vertrauen, Tugend, Wahrheitskenntnis, Loslassen und Klarblick erworben. Der gedenkt bei sich: »O, daß ich doch nach dem Versagen des Körpers jenseits des Todes zur

Gemeinschaft mit … den Heiligen wiederkehrte.« Auf dieses Ziel richtet er sein Herz, darin befestigt er sein Herz, nach diesem Ziel bildet er sein Herz aus. Indem er sich dieses Leitbild ständig vor Augen hält, führt die Gesamtheit seiner Strebungen zum Wiedererscheinen dort. Das ist der Weg, ihr Mönche, das ist die Vorgehensweise, die zum dortigen Wiedererscheinen hinführt. *[M 120]*

Geschaut worden sind von mir manche Wesen mit gutem Wandel in Taten, in Worten und in Gedanken, keine Lästerer, den erlesenen, rechten Ansichten ergeben und in ihrem Handeln von diesen bestimmt, wie sie bei Versagen des Körpers nach dem Tode in die himmlische Welt gelangt sind. Nicht weil ich es von einem anderen Asketen oder Brahmanen gehört habe, sage ich das, sondern was ich selbst erkannt, selbst geschaut, selbst gesehen habe, das sage ich aus. *[It 70/71]*

Zur Himmelswelt gelangt kein Geiziger. Nur Toren sind es, die nicht das Geben preisen. Der Kluge aber, der voll Freude gibt, wird dadurch selig in der Himmelswelt. *[Dh 177]*

Geschaut habe ich, Mönche, die sechs Berührungsbereiche, die Himmel genannt werden: Was immer du dort mit Weitsicht siehst, es ist eine erwünschte, keine abstoßende, eine entzükkende, keine häßliche, eine reizende, keine widerliche Gestalt. Was immer du dort an Tönen mit dem Ohre hörst; was immer du dort an Düften mit der Nase riechst; was immer du dort an Säften mit der Zunge schmeckst; was immer du dort an Gegenständen mit dem Leibe ertastest; was immer du dort an Dingen mit dem Geiste denkst - all das ist dir erwünscht, nicht abstoßend, entzückend, nicht häßlich, reizend, nicht widerlich.
[It 107]

Über die Einheit der Wahrheit und ihrer Träger

Wer die Lehre sieht, sieht mich; und wer mich sieht, sieht die Lehre. *[S 22, 87]*

Wovon andere Weise sagen: »Das ist«, davon sage auch ich: »Das ist«. Wovon andere Weise sagen: »Das ist nicht«, davon sage auch ich: »Das ist nicht«.

Ananda, die Heiligen aller zehn Welten haben sich fast alle hier zusammengeschart, um den Vollendeten zu sehen. Rings um den Salawald der Maller, dem Erholungspark von Kusinara, ist auf zwölf Meilen im Umkreis kein Fleckchen so klein wie der Stich mit der Spitze eines Pferdehaares zu finden, das nicht von Wesen des großmächtigen Gottes bedeckt wäre. *[D 16]*

Über die Lehre des Erwachten

Eine heilsmächtige, eine weltüberlegene Fähigkeit, die zum Wesen des Menschen gehört, die lehre ich ihn nützen. *[M 96]*

Weiter, Mahanama, magst du an die Lehre denken: Wohlverkündet ist vom Erhabenen die Lehre, die offen sichtbare, zeitlose, einladende, hinführende, von Verständigen unmittelbar erfahrbare.
Zu einer Zeit, Mahanama, zu der ein Heilsgänger der Heilsgängergemeinde gedenkt, hat er kein von Gier besetztes Herz, kein von Haß besetztes Herz, kein von Blendung besetztes Herz: Klar und hell ist sein Herz zu einer solchen Zeit.

Während der Heilsgänger klaren Herzens bei der Betrachtung der Heilsgängergemeinde verweilt, erlangt er ein Empfinden für das Heil, ein Empfinden für die Wahrheit und aus dem Wahrheitsverständnis große Freude. Solche innere Freude steigert sich zu geistiger Beglückung bis Entzückung. Weil der Geist voll Glück und Entzücken ist, wird der Körper gestillt. Gestillten Körpers fühlt er ein alles durchdringendes Wohl. Das Herz des von Wohl Durchtränkten wird einig.
Diese Erinnerung an die Heilsgängergemeinde, Mahanama, kannst du im Gehen erwecken, du kannst sie auch im Stehen erwecken, du kannst sie auch im Sitzen erwecken, du kannst sie auch im Liegen erwecken, du kannst sie auch erwecken, während du deiner Arbeit nachgehst, du kannst sie erwecken auch während du im Hause voller Kinder wohnst.
Erwacht, gezähmt, beruhigt, gerettet und wunschlos geworden ist der Erwachte, und zum Erwachen, zur Zähmung, Ruhe, Rettung und Wunschlosigkeit zeigt er die Lehre. *[M 35]*

Geht nicht nach Hörensagen, nicht nach Überlieferungen, nicht nach Tagesmeinungen, nicht nach der Autorität heiliger Schriften, nicht nach Gedankenkonstruktionen und Schlußfolgerungen, nicht nach bloßen Worten und Lieblingsideen, nicht nach dem Eindruck persönlicher Vorzüge und auch nicht nach der Autorität eines Meisters! Nur wenn ihr selber erkennt: »Diese Dinge sind unheilsam, sind verwerflich, werden von Verständigen getadelt und, wenn ausgeführt und unternommen, führen sie in Unheil und Leiden«, dann mögt ihr sie aufgeben. *[A III, 65]*

Über die rechte Lebensführung

Wer bloß zu erkennen sucht, aber nicht auch den rechten Wandel führt, der erkennt und sieht auch nicht der Wirklichkeit gemäß. Nur wer auch recht wandelt, der erkennt und sieht der Wirklichkeit gemäß. *[A IV, 175]*

Willkommen sei mir ein einsichtiger Mensch, offen, ehrlich, eine aufrechte Natur. Ich unterweise ihn in der rechten Lebensführung. Ich zeige ihm das Gesetz des Daseins auf. Wenn er nach der Unterweisung sich einübt, dann wird er bald selber erfahren, selber sehen, daß er von der Binde befreit wird, und zwar von der Binde des Wahns. *[M 80]*

Über drei Arten von Selbsterfahrung

Diese drei Arten von Selbsterfahrung gibt es: die grobe Selbsterfahrung, die geisthafte Selbsterfahrung, die formfreie Selbsterfahrung.
Was ist nun die grobe Selbsterfahrung? Sie ist gestalthaft, besteht aus den vier großen Gebilden (Festes, Flüssiges, Wärme, Luft); wird durch körperliche Nahrung unterhalten: das ist die grobe Selbsterfahrung.
Was ist nun die geisthafte Selbsterfahrung? Sie ist gestalthaft, doch geistig gebildet, zu jeder Begliederung fähig, von übersinnlicher Macht: das ist die geisthafte Selbsterfahrung.
Was ist nun die gestaltlose Selbsterfahrung? Formfrei aus reiner Wahrnehmung beschaffen, das ist die gestaltlose Selbsterfahrung. *[D 9]*

Über die Bedeutung eines reinen Herzens

Wenn man ein mit Schmutzflecken behaftetes Gewand umfärbt, so werden die Flecken doch wieder durchschlagen: gleichviel, mit welcher Farbe man das Gewand färbt, die Flekken werden immer wieder mehr oder weniger sichtbar sein. Ebenso ist auch bei beflecktem Herzen ein schmerzlicher Lebenslauf, eine üble Laufbahn zu erwarten. *[M 7]*

Was ein Feind dem Feinde antun kann, der Hassende dem, den er haßt: Ein schlecht gerichtetes Herz, das kann ihm noch viel Böseres antun. Kein Vater, keine Mutter, kein vertrauter Anverwandter kann ihm so viel Gutes bringen wie ein gut und recht gerichtetes Herz. *[Dh 42-43]*

Im Gemüt frei von Übelwollen, Nächstenblindheit, verweilt er, wünscht er mitfühlend allem, was lebt und atmet, Wohl, so läutert er sein Herz von Übelwollen. *[M 51]*

Überall in allem sich wiedererkennend, durchstrahlt er die ganze Welt mit liebevollem Gemüte. *[M 21]*

Wer immer auf Erden die Wesen leiden macht, der sinkt ab ins Dunkle, schon hier und auch drüben. Doch wer da Milde, Mitleid übt und erbarmend alle Wesen schont, der schichtet mächtige Schätze sich im Herzen an, der wirkt sich Wohl. *[Thag 238-239]*

Über den Leichtsinn und die Ernsthaftigkeit

Ernsthaftigkeit besiegt den Tod, die Lässigen gehen zum Tode hin. Die Ernsten sterben nimmermehr, die Leichten sind den Leichen gleich. *[Dh 21]*

Gleichwie die Fußspuren aller Wesen in der Elefantenspur einbegriffen sind, ebenso auch ist Ernsthaftigkeit eine Eigenschaft, die, entfaltet und häufig geübt, beiderseits Wohl bringt, gegenwärtiges wie künftiges. *[A VI, 63]*

Die jetzt vollbrachte üble Tat rächt sich nicht gleich wie Milch gerinnt. Doch zehrend folgt dem Toren sie, wie Feuer unter Asche glüht. *[Dh 71]*

Über unheilsame und heilsame Gedanken

Wenn da, ihr Mönche, der Mönch irgendeine Vorstellung im Geiste hegt und ihm dabei üble, unheilsame Gedanken aufsteigen, solche, die mit Gier oder Haß oder Blendung verbunden sind, dann soll der Mönch seine Aufmerksamkeit von dieser

Vorstellung weg auf eine andere Vorstellung, eine heilsame, bessere richten. Dann schwinden die üblen, unheilsamen Gedanken, die mit Gier oder Haß oder Blendung verbunden sind, dahin, lösen sich auf. Dadurch wird das Herz still und befriedet, wird einig und gesammelt.

Es ist, ihr Mönche, wie wenn ein geschickter Maurer oder Maurergeselle mit einem feinen Keil einen groben losschlagen und dann ihn herausnehmen, wegtun kann. Ebenso, ihr Mönche, soll ein Mönch, der irgendeine Vorstellung im Geiste hegt, wenn ihm dabei üble Gedanken aufsteigen, solche, die mit Gier oder Haß oder Blendung verbunden sind, seine Aufmerksamkeit von dieser Vorstellung weg auf eine andere Vorstellung, eine heilsame, bessere richten. Dann schwinden die üblen, unheilsamen Gedanken, die mit Gier, Haß oder Blendung verbunden sind, dahin, lösen sich auf. Dadurch wird das Herz still und befriedet, wird einig und gesammelt.

Wenn diesem Mönch bei seinem Bemühen, die Aufmerksamkeit von der einen Vorstellung weg und einer anderen heilsamen zuzuwenden, dennoch unheilsame Gedanken mit Gier, Haß oder Blendung aufsteigen, dann soll er, ihr Mönche, das Elend derartiger Gedanken rundum gründlich betrachten: »Das sind sie gerade, diese heillosen Gedanken, die üblen, in Dunkelheit und Leiden führenden.« Dann schwinden die üblen, unheilsamen Gedanken, die mit Gier oder Haß oder Blendung verbunden sind, dahin, lösen sich auf. Dadurch wird das Herz still und befriedet, wird einig und gesammelt.

Es ist, ihr Mönche, wie wenn einer Frau oder einem Mann, jung, frisch, gefällig, ein Schlangenaas oder ein Hundeaas oder eine Menschenleiche um den Hals gehängt würde: Da wären sie voll Abscheu und Grauen und würden sich ekeln. Ebenso, ihr Mönche, soll ein Mönch, wenn ihm bei seinem Bemühen, die Aufmerksamkeit von der einen Vorstellung weg und einer anderen heilsamen zuzuwenden, dennoch unheilsame Gedanken mit Anziehung, Abstoßung oder Blendung aufsteigen, das Elend derartiger Gedanken rundum gründlich betrachten: »Das sind sie gerade, diese heillosen Gedanken, die üblen, in Dunkelheit und Leiden führenden.« Dann schwinden die üblen, unheilsamen Gedanken, die mit Gier oder Haß oder Blendung verbunden sind, dahin, lösen sich auf. Dadurch wird das Herz still und befriedet, wird einig und gesammelt.

Wenn einem Mönch, ihr Mönche, obwohl er jenem Gedanken keine Beachtung schenkt, dennoch üble unheilsame Gedanken mit Gier, Haß oder Blendung aufsteigen, so soll er, ihr Mönche, seine Aufmerksamkeit darauf richten, wie die Bewegtheit

dieser Gedanken sich zusammensetzt und sie so zur Ruhe bringen. Dann schwinden die üblen, unheilsamen Gedanken, die mit Gier oder Haß oder Blendung verbunden sind, dahin, lösen sich auf. Dadurch wird das Herz still und befriedet, wird einig und gesammelt.
Es ist, ihr Mönche, wie wenn ein Mann schnell ginge. Da käme ihm der Gedanke: »Was gehe ich denn so schnell: Ich kann doch langsamer gehen«, und er ginge langsamer. Da fiele ihm ein: »Wozu gehe ich überhaupt? Ich kann doch stehenbleiben«. Und er bliebe stehen. Da käme ihm der Gedanke: »Warum stehe ich denn? Ich kann mich doch setzen«, und er setzte sich hin. Da sagte er sich: »Was sitze ich denn? Ich kann mich doch hinlegen«, und er legte sich hin. Und so wäre dieser Mann, ihr Mönche, von einem gröberen Bewegungszustand nach dem anderen zu einem feineren Bewegungszustand übergegangen. Ebenso nun auch, ihr Mönche, soll ein Mönch, wenn ihm, obwohl er jenen Gedanken keine Beachtung schenkt, dennoch üble Gedanken, üble, unheilsame Gedanken mit Gier, Haß oder Blendung aufsteigen, die Aufmerksamkeit darauf richten, wie die Bewegtheit dieser Gedanken sich zusammensetzt, und sie so zur Ruhe bringen. Dann schwinden die üblen, unheilsamen Gedanken, die mit Gier oder Haß oder

Blendung verbunden sind, dahin, lösen sich auf. Dadurch wird das Herz still und befriedet, wird einig und gesammelt.
Wenn einem solchen Mönch, ihr Mönche, während er seine Aufmerksamkeit darauf richtet, wie die Bewegtheit dieser Gedanken sich zusammensetzt, und sie so beruhigt, dennoch üble, unheilsame Gedanken mit Gier, Haß, Blendung aufkommen, so soll er, ihr Mönche, mit zusammengebissenen Zähnen und an den Gaumen gehefteter Zunge mit dem besseren Willen die Herzensanwandlung niederzwingen, niederringen, niederquälen. Dann schwinden die üblen, unheilsamen Gedanken, die mit Gier oder Haß oder Blendung verbunden sind, dahin, lösen sich auf. Dadurch wird das Herz still und befriedet, wird einig und gesammelt.
Aufgestiegen ist mir da dieses Wehgefühl, durch Berührung hervorgerufen, und es ist bedingt, nicht unbedingt. Wodurch bedingt? Durch Berührung bedingt. Und: »Die Berührung ist unbeständig«, merkt er. »Das Gefühl ist unbeständig«, merkt er. »Die Wahrnehmung ist unbeständig«, merkt er. »Die Aktivität ist unbeständig«, merkt er. »Die Erfassungsgewöhnung ist unbeständig«, merkt er. Sein Herz, das die fünf Zusammenhäufungen zum Gegenstand der Betrachtung macht, erhebt sich, beschwingt sich, wird still und befriedet.

Während du, Rahula, einen Gedanken hegst, so sollst du dir eben diesen Gedanken betrachten: »Dieser von mir gehegte Gedanke - führt er zu eigener oder fremder Belastung oder zu beider Belastung? Ist es ein unheilsamer Gedanke, der Leiden aufzieht, Leiden züchtet?« Wenn du, Rahula, bei der Betrachtung merkst: »Dieser Gedanke, den ich da gehegt habe, führt zu eigener oder fremder oder zu beider Belastung, es ist ein unheilsamer Gedanke, der Leiden aufzieht, Leiden züchtet«, so hast du dann, Rahula, vor diesem Gedanken Grauen, Entsetzen, Abscheu zu fassen. Und hast du Grauen, Entsetzen, Abscheu gefaßt, dich künftighin zu hüten.

Über das Loskommen von heillosen Dingen

Auch wenn ein Heilsgänger der Wirklichkeit gemäß mit voller Weisheit klar gesehen hat: »Unbefriedigend sind die Sinnendinge, voller Leiden, voller Unruhe, das Elend überwiegt bei ihnen«: solange er nicht außerhalb der Sinnendinge, außerhalb der heillosen Dinge zum Wohl geistiger Beglückung bis zur Verzückung kommt oder zu noch stilleren Wohl, so lange ist er nicht imstande, von den Sinnendingen loszukommen.

Auch ich hatte vor dem Erwachen, als ich noch kein vollkommen Erwachter war, als ich noch auf die Erwachung zuging, der Wirklichkeit gemäß mit vollkommener Weisheit klar gesehen: »Unbefriedigend sind die Sinnendinge, voller Leiden, voller Unruhe, das Elend überwiegt bei ihnen.« - Aber solange ich nicht außerhalb der Sinnendinge, außerhalb der heillosen Dinge zum Wohl geistiger Beglückung bis zur Verzückung gekommen war oder zu einem noch stilleren Wohl, so lange mußte ich mir eingestehen, daß ich nicht imstande war, von den Sinnendingen loszukommen. *[M 14]*

Über die Liebe zu allen

Ein Mensch, der sich in unbegrenzter Liebe übt, klar bewußt, dem werden bald die Fesseln dünn, er spürt das Nahen der Freiheit.
Auch wenn er nur *ein* Wesen liebt mit reinem Herzen, fördert's ihn. Doch wer voll Mitleid alle liebt, der wirkt sich unermeßlich Glück.

Die Erderoberer, Seherkönige, die spendend durch die Welt zogen, gewannen kaum den Bruchteil jenes Friedens, wie ihn das Herz erfährt, das reine Liebe hegt.
Wer nimmer tötet, töten läßt, nicht siegen will noch siegen heißt, wer liebevoll zu allem ist, dem droht von niemandem Feindschaft mehr. *[It 27, A VIII, 1]*

Liebevollen Gemütes weilend, durchstrahlt er eine Richtung, dann eine zweite, dann die dritte, dann die vierte, ebenso die oberen und die unteren Bereiche: überall in allem sich wiedererkennend, durchstrahlt er die ganze Welt mit liebevollem Gemüte, mit weitem, tiefem, nicht urteilendem, von Feindschaft und Haß befreitem Gemüt.

Über die Überwindung des Grolls gegen jeden

Zu jedem Menschen, dem man grollt, soll man Liebe erwecken oder Erbarmen oder inneren Gleichmut erwecken, oder man soll seine Aufmerksamkeit von ihm ablenken, oder man soll sich das Gesetz von der Vergeltung der Raten vergegenwärtigen: »Dieser Liebe da ist ganz so wie ich Empfänger seines eigenen Wirkens, er ist seinem Wirken entsprossen, mit ihm verknüpft, dieses ist überall seine Grundlage. Er wird seine jetzt getanen guten und bösen Taten zum Erbe haben.« - Auf diese Weise kann man den Groll gegen jeden Menschen überwinden. *[A, V, 161]*

Über die Abwendung von jeder Art des Tötens durch die Liebe zum Leben

So denke der heilsuchende Mensch: »Ich habe mein Leben lieb, möchte nicht sterben, suche Wohl, fürchte Wehe. Würde mir jemand das Leben rauben, so wäre das mir entsetzlich. Ebenso liebt auch jedes andere Wesen, Mensch und Tier, sein Leben, möchte nicht sterben, sucht Wohl, fürchtet Wehe. Würde ich diesem nun das Leben rauben, dann wäre auch ihm das entsetzlich. Was mir selbst schrecklich ist, wie könnte ich das einem anderen zufügen?«
So erwägend, entfremdet man sich dem Töten, ermutigt andere, sich auch dem Töten zu entfremden, und man spricht zum Lobe des Schonens. *[S 66, 7]*

Über die Unterschiedlichkeit der Wesen

Ich will euch zeigen, Vasettha, der Reihe nach, so wie es ist, worin die Unterschiedlichkeit der Wesen von Geburt besteht: Seht euch die Gräser und Bäume an: Verschiedene Arten gibt es hier. Sie selber wissen davon nichts. Die Gattung ist geburtsbedingt, verschiedene Arten gibt es hier. Von den Insekten und Käfern bis zu den Termitenstämmen hin: Die Gattung ist geburtsbedingt, verschiedene Arten gibt es hier. Seht euch auch die Vierfüßer an, die kleinen, die gewaltigen: Die Gattung ist geburtsbedingt, verschiedene Arten gibt es hier. Denkt ferner an die Kriechtiere, die Schlangen und die Langwirbligen: Die Gattung ist geburtsbedingt, verschiedene Arten gibt es hier. Und was ihr auch an Fischen kennt im Wasser, ihrem Lebensraum: Die Gattung ist geburtsbedingt, verschiedene Arten gibt es hier. Was ihr an Vögeln alles kennt, mit Flügeln sich durch die Luft bewegt: Die Gattung ist geburtsbedingt, verschiedene Arten gibt es hier.

Was hier die Gattung kenntlich macht, kommt von verschiedener Abstammung. Das gibt es bei den Menschen nicht: Gattungsvielfalt durch Abstammung - nach Haaren nicht, nicht nach dem Kopf, nach Ohren und nach Augen nicht, nicht nach der Nase, nach dem Mund, nach Lippen und nach Brauen nicht, nach Nacken und nach Schultern nicht, nicht nach dem Bauch, dem Rücken nicht, nicht nach dem Gesäß und nicht nach Brust, nach den Geschlechtsorganen nicht, nach Händen und nach Füßen nicht, nach Fingern nicht, nach Nägeln nicht, nach Beinen nicht, nach Schenkeln nicht, nach Körperbau, nach Stimme nicht gibt's Gattungstrennung nach Geburt, wie sie's bei anderen Wesen gibt.

Der Körper Andersartigkeit, die gibt es unter Menschen nicht. Man unterscheidet Menschen nur, damit man sie bezeichnen kann.

Wer immer unter Menschen sich durch Rinderzucht sein Brot verdient - das mußt du wissen, Vasettha - ist Bauer, doch Brahmane nicht. Wer immer unter Menschen hier von irgendeinem Handwerk lebt - das mußt du wissen, Vasettha - ist Handwerker, doch Brahmane nicht. Wer immer unter Menschen hier durch einen Handel sich ernährt - das mußt du wissen, Vasettha - ist Händler, doch Brahmane nicht. Wer immer unter Menschen sich sein Brot durch anderen Dienst erwirbt - das mußt du wissen, Vasettha - ist Diener, doch Brahmane nicht. Wer unter Menschen davon lebt, daß er sich Nichtgegebenes nimmt - das mußt du wissen, Vasettha - ist ein Dieb,

Brahmane nicht. Wer immer unter Menschen hier durch Bogenschießen Geld verdient - das mußt du wissen, Vasettha - der ist Soldat, Brahmane nicht. Wer immer unter Menschen hier als Opferpriester lebt bei Hof - das mußt du wissen, Vasettha - ist Opferer, Brahmane nicht. Wer immer unter Menschen hier von Dorf und Stadt Einkünfte zieht - das mußt du wissen, Vasettha - ist König, doch Brahmane nicht.
Brahmane nenne ich keinen nur ob seiner leiblichen Geburt. Er tritt nur überheblich auf, wenn er was hat und was besitzt.
Wer nichts besitzt, wer nichts annimmt: der ist Brahmane, sage ich.
Wer alle Joche abgetan, nicht mehr erschüttert werden kann, vom Kommen und Gehen abgelöst: der ist Brahmane, sage ich.
Wer Gurt und Seil zerschnitten hat, den Haltestrick mitsamt dem Zaum, den Riegel aufhob, auferwacht: der ist Brahmane, sage ich.
Wer Schimpf, Mißhandlung und Kerkerhaft in Milde zu ertragen weiß, wer Duldenskraft als Heerbann hat: der ist Brahmane, sage ich.
Wer frei von Zorn, ein Frommer ist, voll Tugend und ohne Anmaßung, bezähmt den letzten Leib abträgt: der ist Brahmane, sage ich.

An wem von Sinnenlust nichts hängt, wie Wasser nicht am Lotosblatt, wie Senfkorn nicht am spitzen Pfriem: der ist Brahmane, sage ich.
Wer allen Leides Aufhebung in diesem Leben schon erfuhr, die Last ablegte und sich ganz entledigte: der ist Brahmane, sage ich.
Der Weisheitstiefe, Wissende, des Wegs und Abwegs Kundige, der angelangt am höchsten Ziel: der ist Brahmane, sage ich.
Wer weder mit Weltmenschen noch mit Hauslosen gesellig lebt, kein Haus durchgeistert und wunschlos ist: der ist Brahmane, sage ich.
Wer die Gewalt an Lebendem - Bewegtem, Festgewachsenem - abtat, nicht tötet, nicht verletzt: der ist Brahmane, sage ich.
Wer wehrfrei unter Wehrenden, gestillt unter Gewaltsamen, nicht aufgreift unter Greifenden: der ist Brahmane, sage ich.
Gier, Haß, Stolz, Empfindlichkeit: von wem das abfiel wie ein Korn Senfsaat von spitzem Pfriem abfällt: der ist Brahmane, sage ich.
Wer milde, tiefen Inhalts voll, die Wahrheit so zu sagen weiß, daß niemand sie verletzen kann: der ist Brahmane, sage ich.

Wer in der Welt das Nichtgegebene nicht nimmt, sei es kurz oder lang, fein oder grob, schön oder nicht: der ist Brahmane, sage ich.
Bei wem es kein Verlangen gibt nach dieser oder jener Welt, wer wunschlos und frei von jedem Joch: der ist Brahmane, sage ich.
Wer in sich keine Nester hat, wer aus Erfahrung zweifelsfrei, getaucht in die Todlosigkeit: der ist Brahmane, sage ich.
Wer den Hang zum Schlechten, zum Verdienstlichen, überstieg, von Sorgen frei, vom Reiz frei, rein: der ist Brahmane, sage ich.
Wer wie der unumwölkte Mond so rein in heiterer Ruhe strahlt, weil er Befriedigung versiegt: der ist Brahmane, sage ich.
Wer diesen schweren Leidensweg, den Kreislauf der Blendung überstieg, wer zum anderen Ufer kam, entrückt, wunschlos, von Wenn und Aber frei: der ist Brahmane, sage ich.
Wer hier schon Sinnensucht abtat, hauslos auf seiner Pilgerschaft, wer Sinnendasein ausgelöscht: der ist Brahmane, sage ich.

Wer hier den Durst schon überwand, hauslos auf seiner Pilgerschaft, wer Durstentwicklung ausgelöscht: der ist Brahmane, sage ich.
Wer abgetan das Menschenjoch, das Himmelsjoch noch überstieg, der aller Joche Ledige: der ist Brahmane, sage ich.
Wer Lust und Unlust abgetan, unberührt und frei von allem Angenommenem, wer die Welt ganz überwunden hat: der ist Brahmane, sage ich.
Wer ringsumher das Schwinden und Erscheinen aller Wesen schaut, haltlos zum Wohl ging, auferwacht: der ist Brahmane, sage ich.
Bei wem kein Gott, kein Geist, kein Mensch mehr eine Bahn erkennen kann, dem untreffbar Heiligen: der ist Brahmane, sage ich.
Für wen es als Vergangenheit, als Zukunft und als Gegenwart nicht irgend »etwas« gibt, wer frei vom »Etwas«, vom »Ergriffenen« ist: der ist Brahmane, sage ich.
Der mächtige, große, weise Mann, der Sieger, wunschlos, abgeklärt im innern Bad und auferwacht: der ist Brahmane, sage ich.
Wer seine früheren Leben kennt, die Himmel und die Höllen sieht, Wiedergeburt versiegen ließ: der ist Brahmane, sage ich.

Der Name nur in dieser Welt wird durch die Abstammung bestimmt, durch Übereinkunft festgelegt und überall dann angewandt.
Weil es schon lang Gewohnheit ist, ein Dogma aus Unwissenheit, verkünden sie unwissend nun, Brahmane sei man durch Geburt.
Geburt macht den Brahmanen nicht, macht auch zum Nichtbrahmanen nicht: Brahmane wird man durch das Tun, zum Nichtbrahmanen macht das Tun.
Ein Bauer wird man durch das Tun, Handwerker wird man durch das Tun, ein Kaufmann wird man durch das Tun, ein Diener wird man durch das Tun. Ein Dieb, das wird man durch das Tun. Soldat, das wird man durch das Tun. Hofpriester wird man durch das Tun, auch König wird man durch das Tun.
So sehen, wie es wirklich ist, die Weisen hier das Wirken an; bedingtes Entstehen sehen sie; sie wissen, wie das Wirken reift.
Durch Wirken rollt die Welt dahin, durch Wirken rollt der Mensch dahin, Wesen sind eins mit ihrem Tun: Achssplint, vom Wagen mitgedreht.

Durch heißes Mühen, Läuterungskampf, durch Selbstbeherrschung und Bändigung: dadurch wird man Brahmane nur, das macht zuhöchst Brahmanen aus.
Erst wer sich drei Wissen gewann und wenn das Weisersein versiegt, Vasettha, wisse: Kenner sehen ihn als Brahma, als Sakka an.
Auf diese Rede sprachen die jungen Brahmanen Vasettha und Bharadvaja zum Erhabenen: »Wunderbar, Herr Gautama, einmalig, Herr Gautama: Wie wenn einer Umgestürztes wieder aufrichtete, Verdecktes enthüllte, einem Verirrten den Weg zeigte, ein Licht in die Finsternis hielte: Wer Augen hat, kann die Gestalten sehen, so ist vom Herrn Gautama die Lehre in vielfacher Weise gezeigt worden. Beim Erhabenen nehmen wir Zuflucht, Herr Gautama, bei der Lehre und bei der Gemeinschaft der Nachfolger. Als Anhänger möge uns Herr Gautama betrachten, die von heute an danach zu leben begonnen haben.«
[M 98 = Sn 594-656]

Ob Vollendete auftreten oder nicht auftreten, fest steht diese Grundtatsache, diese Ordnung der Dinge: Alle Erscheinungen sind unbeständig, alle Erscheinungen sind leidvoll, alle Erscheinungen sind ohne ein Selbst. *[A III, 137]*

Über die Vertiefung der verstandenen Wahrheit

Häufige Wiederholung der verstandenen Wahrheit vergrößert die Verständniskraft. Nichtwiederholung der verstandenen Wahrheit verhindert die Verständniskraft. *[A, X, 73]*

Was der Mensch häufig bedenkt und sinnt, dahin geneigt wird das Herz. *[M 19]*

Über die fünf Objekte des Geizes

Es gibt fünf Objekte des Geizes: Geiz um die Wohnstätte, Geiz um den Stand, Geiz um Besitz, Geiz um Ansehen, Geiz um die Lehre. *[D 33]*

Über den Wahn der Gewohnheit

Man keimt in Schoßen, keimt in anderen Welten und kehrt im Wandelkreise hin und wieder, ergibt sich gern dem Wahne der Gewohnheit: Und keimt in Schoßen, in anderen Welten. *[M 82]*

Kein Dasein hat Beständigkeit und kein Gebilde dauert an. Anrieselnd häuft es hier sich an, und rieselnd rinnt es schon davon. *[Thag 121]*

Über die Folgen des menschlichen Durstes

Kein Strom rast wie der Durst dahin. *[Dh 251]*

Vom Durste wird die Welt gelenkt, der Durst, der reißt sie hin und her. Vollkommen ausgeliefert ist die Welt des Durstes Allgewalt. *[S 1, 63]*

Wen dieser üble Durst beherrscht, der hängt sich fest an diese Welt; dem schießen Sorge und Kummer auf wie wucherndes Gras, das schnell aufsprießt. *[Thag 400]*

Nur aus dem, was man festhält, wachsen auf die Leiden, die man in der Welt kennt in allen Formen. Und wer nichtwissend an Erfaßtem festhält, der leidet immer wieder neue Leiden. Darum wird der Weise vom Festgehaltenen lassen, da er die Leider immer neu entstehen sieht. *[Sn 728]*

Über den achtfachen Weg zur Auflösung des Leidens

Was ist aber die Heilswahrheit von der zur Leidensauflösung führenden Vorgehensweise? Dieser achtfältige Heilsweg ist es, nämlich:
Rechte Anschauung, rechte Gemütsverfassung, rechte Rede, rechtes Handeln, rechte Lebensführung, rechtes Mühen, rechte Wahrheitsgegenwart, rechte Einigung.

Über die Selbsttäuschung bezüglich Körper und Gefühl

So ist wohl das deine Meinung: »Der Körper ist mein Selbst, Gefühl ist mein Selbst, Wahrnehmung ist mein Selbst, Aktivitäten sind mein Selbst, Erfassungsgewöhnung ist mein Selbst?«
»Gewiß, Herr Gautama.«
»Was meinst du wohl: Steht es in der Macht eines gesalbten Kriegerkönigs, wie des Königs Pasenadi von Kosala oder des Königs Ajatasattu von Magadha, in seinem Reiche einen zum

Tode Verurteilten hinrichten oder einen zu Enteignenden enteignen oder einen zu Verbannenden verbannen zu lassen?«
»Gewiß, Herr Gautama, steht es in der Macht eines gesalbten Kriegerkönigs, wie des Königs Pasenadi von Kosala oder des Königs Ajatasattu von Magadha. Selbst in der Macht der Ratsversammlung der Vajjiner oder der Maller liegt es, auf ihrem eigenen Gebiet hinrichten, enteignen und verbannen zu lassen - wie also erst in der Macht eines gesalbten Kriegerkönigs, wie des Königs Pasenadi von Kosala oder des Königs Ajatasattu von Magadha. Es liegt in ihrer Macht, Herr Gautama, und es ist recht so!«
»Was meinst du nun, der du behauptest: 'Der Körper ist mein Selbst, Gefühl ist mein Selbst, Wahrnehmung ist mein Selbst, Aktivität ist mein Selbst, Erfassungsgewöhnung ist mein Selbst' - steht dir über diesen Körper, dieses Gefühl, diese Wahrnehmung, diese Aktivitäten, diese Erfassungsgewöhnung die Macht zu, zu verfügen: 'So soll mein Körper sein, so soll mein Körper nicht sein, so soll mein Gefühl sein, so soll mein Gefühl nicht sein, so soll meine Wahrnehmung sein, so soll meine Wahrnehmung nicht sein, so sollen meine Aktivitäten sein, so sollen meine Aktivitäten nicht sein, so soll meine

Erfassungsgewöhnung sein, so soll meine Erfassungsgewöhnung nicht sein?'«

»Das nicht, Herr Gautama.«

»Was meinst du wohl, ist der Körper unbeständig oder beständig?«

»Unbeständig, Herr Gautama.«

»Was aber unbeständig, ist das Weh oder Wohl?«

»Weh, Herr Gautama.«

»Was aber unbeständig, wehe, wandelbar ist, kann man etwa davon behaupten: 'Das gehört mir, das bin ich, das ist mein Selbst'?«

»Das nicht, Herr Gautama.«

»Was meinst du wohl, sind Gefühl, Wahrnehmung, Aktivität, Erfassungsgewöhnung unbeständig oder beständig?«

»Unbeständig, Herr Gautama.«

»Was aber unbeständig, ist das Weh oder Wohl?«

»Weh, Herr Gautama.«

»Was aber unbeständig, weh, wandelbar ist, kann man etwa davon behaupten: 'Das gehört mir, das bin ich, das ist mein Selbst'?«

»Das nicht, Herr Gautama.«

»Was meinst du nun, wer da Wehem anhängt, Wehem nachfolgt, von Wehem abhängig ist, Wehes also betrachtet: 'Das gehört mir, das bin ich, das ist mein Selbst', kann denn der, solange er die Dinge so ansieht, das Leiden durchschauen oder gar auf die Dauer ringsum von sich abhalten?«
»Wie wäre das möglich, Herr Gautama, das nicht, Herr Gautama.«
»Da betrachtet ein Nachfolger von mir, was es auch an Form gibt: vergangene, zukünftige, gegenwärtige, eigene oder fremde, grobe oder feine, gemeine oder edle, ferne oder nahe: alle Formen betrachtet er der Wirklichkeit gemäß mit vollkommener Weisheit so: 'Das gehört mir nicht, das bin ich nicht, das ist nicht mein Selbst.'
Was es auch an Gefühl, Wahrnehmung, Aktivität, Erfassungsgewöhnung gibt: vergangene, zukünftige, gegenwärtige, eigene oder fremde, grobe oder feine, gemeine oder edle, ferne oder nahe: alles Gefühl, alle Wahrnehmung, alle Aktivität, alle Erfassungsgewöhnung betrachtet er der Wirklichkeit gemäß mit vollkommener Weisheit so: 'Das gehört mir nicht, das bin ich nicht, das ist nicht mein Selbst.'
So folgt einer meiner Weisung, so kommt er ganz der Belehrung nach, so entrinnt er dem Zweifel, wird frei von allem

Wenn und Aber und verweilt in sich selber gewiß, auf keinen anderen gestützt im Orden des Meisters.« *[M 35]*

Über die Wandelbarkeit des Gefühls und der Wahrnehmung

Wie aber wird man, weil man ergreift, erschüttert? Da ist einer, ihr Mönche, ein unbelehrter, gewöhnlicher Mensch. Er hat keinen Blick für den Heilsstand, kennt gar nicht das Wesen des Heils. Er hat keinen Blick für die wahren Menschen, kennt nicht die Art des wahren Menschen und ist unerfahren in dessen Eigenschaften. Dieser betrachtet die Form als sich selbst oder sich selbst als formhaft oder in sich selbst die Form oder in der Form sich selbst. Nun wandelt sich ihm die Form um und verändert sich. Wie sich ihm die Form umwandelt und verändert, dreht sich die Erfassungsgewöhnung um den Wandel der Form. Indem sich ihm die Erfassungsgewöhnung um den Wandel der Form dreht, gehen triebbedingte Erschütterungen hervor, wühlen ihm das Herz auf. So aufgewühlt, wird er im Gemüt verängstigt, niedergeschlagen, resigniert. So wird er, weil er ergreift, erschüttert.

Dieser betrachtet das Gefühl, die Wahrnehmung, die Aktivität, die Erfassungsgewöhnung als sich selbst oder sich selbst als sie oder in sich selbst sie oder in ihnen sich selbst. Nun wandeln sich ihm Gefühl, Wahrnehmung, Aktivität, Erfassungsgewöhnung und verändern sich. Wie sich ihm Gefühl, Wahrnehmung, Aktivität, Erfassungewöhnung umwandeln und verändern, dreht sich ihm die Erfassungsgewöhnung um den Wandel von Gefühl, Wahrnehmung, Aktivität, Erfassungsgewöhnung. Dadurch gehen triebbedingte Erschütterungen hervor, wühlen ihm das Herz auf. So aufgewühlt, wird er im Gemüt verängstigt, niedergeschlagen, resigniert. So wird er, weil er ergreift, erschüttert. *[M 138]*

Über die rechte Ansicht und die dazwischenliegende Wahrheit

»Rechte Ansicht, rechte Ansicht, o Herr, sagt man immer. Inwiefern, o Herr, besteht rechte Ansicht?«
»Von zweierlei, Mönch, hängt die Welt praktisch ab: von dem Glauben an ihr Dasein und auch von der Behauptung ihres Nichtseins.

Wer da aber das rieselnde Ankommen von Welterscheinungen (die lebenslängliche Kette der sinnlichen Wahrnehmungen) aufmerksam und unbefangen beobachtet, der behauptet nicht, daß keine Welt sei.

Und wer auch das rieselnde Entschwinden von Welt (das Verdrängtwerden jeder einzelnen Wahrnehmung durch die nächste) aufmerksam und unbefangen beobachtet, der behauptet auch nicht, daß die Welt sei.

Die altbefestigte Gewohnheit, heranzutreten (an das jeweils Wahrgenommene), es aufzunehmen, damit umzugehen: das ist praktisch 'diese Welt', eben dieses Annehmen und Aufnehmen (der Sinneserscheinungen), des Gemütes Neigung, darin zu wohnen, damit umzugehen und sich zu beschäftigen.

Die rechte Anschauung aber erweist sich darin, daß man nicht mehr da herantritt, sich mit den Sinneserscheinungen nicht mehr beschäftigt, nicht mehr bei ihnen wohnt in dem Wissen: 'Hier ist gar kein wahres Ich; Lasten erscheinen immer nur, was auch erscheint; und Lasten entschwinden immer nur, wo etwas entschwindet.' Und daß man daran nicht zweifelt noch schwankt, weil man es aus eigener, unbefangener Beobachtung erfahren hat. Das ist, Mönch, rechte Anschauung.

'Das Weltall besteht', solche Ansicht ist das eine zuviel; 'nichts besteht', solche Ansicht ist das andere zuviel. Diese beiden Extreme hat der Vollendete vermieden und die dazwischenliegende Wahrheit aufgezeigt:
Durch Wahn bedingt, erscheinen da Vorgänge; durch Vorgänge bedingt, erscheint da Zuwendung; durch Zuwendung bedingt, erscheint da Empfindungsvermögen und Empfindbares.« *[S 12, 15]*

Über den Durst nach Sinnen und Dasein, der bedingt ist durch das Gefühl

Was ist aber die Heilswahrheit von der Leidensfortsetzung? Es ist dieser Durst, der Weiterwerden schaffende, Befriedigungssüchtige, bald hier, bald dort Befriedigung suchende: der Sinnendurst, der Daseinsdurst, der Vernichtungsdurst. Das heißt man die Heilswahrheit von der Leidensfortsetzung.
Durch Gefühl bedingt ist der Durst. Wenn es kein Gefühl gäbe, in keiner Weise, ganz und gar nicht, durch nichts und für nichts, wie das durch Augenberührung entstandene Gefühl, das durch Ohrenberührung entstandene Gefühl, wie das durch

Nasenberührung entstandene Gefühl, wie das durch Gaumenberührung entstandene Gefühl, wie das durch Körperberührung entstandene Gefühl - wenn Gefühl also überhaupt nicht wäre: Könnte da wohl bei völligem Fehlen des Gefühls Durst erfahren werden?
Darum also, Ananda, ist dies eben der Anlaß, dies die Herkunft, dies die Entwicklung, dies die Bedingung des Durstes, nämlich Gefühl. *[D 15]*

Über die Unermeßlichkeit des Leidens

»Was denkt ihr, Mönche, was ist wohl mehr: die Tränenflut, die ihr auf diesem langen Wege immer wieder zu neuer Geburt und neuem Tode eilend, mit Unerwünschtem vereint, von Erwünschtem getrennt, klagend und weinend vergossen habt - oder das Wasser der vier großen Meere?«
»So wie wir, o Herr, die vom Erhabenen gezeigte Lehre verstehen, sind von uns auf diesem langen Wege, während wir immer wieder zu neuen Geburten und neuen Toden eilten, mit Unerwünschtem vereint, von Erwünschtem getrennt, klagend

und weinend, wahrlich mehr Tränen vergossen worden als Wasser in den vier großen Meeren enthalten ist.«
»Gut, ihr Mönche, daß ihr die von mir gezeigte Lehre so versteht. Mehr Tränen freilich, ihr Mönche, habt ihr auf diesem langen Wege, immer wieder zu neuen Geburten und neuen Toden eilend, mit Unerwünschtem vereint, von Erwünschtem getrennt, klagend und weinend vergossen als Wasser in den vier großen Meeren enthalten ist.
Lange Zeiten hindurch habt ihr, Mönche, den Tod der Mutter erfahren, den Tod des Vaters, des Sohnes, der Tochter, der Geschwister erfahren. Lange Zeiten hindurch habt ihr den Verlust eurer Habe erlitten, lange Zeiten wart ihr von Krankheiten bedrückt. Und während ihr den Tod der Mutter, den Tod des Vaters, den Tod des Sohnes, den Tod der Tochter, den Tod der Geschwister, den Verlust des Vermögens, die Qual der Krankheit erfuhrt, während ihr mit Unerwünschtem vereint, von Erwünschtem getrennt wart, da vergosset ihr von Geburt zu Tod, von Tod zu Geburt eilend, auf diesem Wege wahrlich mehr Tränen als Wasser in den vier großen Meeren enthalten ist.« *[S 15, 1-3]*

Auch nach dem Tod gibt es falsche Wege

Weil sie unrichtig, mißraten wandeln, deshalb gelangen da manche Wesen nach Versagen des Körpers nach dem Tode auf einen Abweg, auf schlechte Fährte, in Verderben und Unheil. Weil sie wahr und recht wandeln, deshalb gelangen da manche Wesen nach Versagen des Körpers nach dem Tode auf gute Laufbahn, in selige Welt. *[M 41]*

Über Wiedergutmachung

Wer einst begangenes übles Werk mit besserem Wirken ganz durchsetzt, dem lichtet sich die Finsternis, wie wenn der Mond durch Wolken bricht. *[M 86]*

Über den Gleichmut

Mit der Beruhigung auch des Entzückens lebt er oberhalb und außerhalb von allem sinnlichen Wohl und Wehe in unverstörtem Gleichmut klar und bewußt und in einem solchen körperlichen Wohlsein, von welchem die Heilskenner sagen: »Dem in erhabenem Gleichmut klar bewußt Verweilenden ist wohl.« Ein solcher gewinnt den dritten Grad weltloser Entrückung. *[M 75]*

Über den höchsten Erlösungszustand in dieser Welt und allen zukünftigen Welten

Ist das Herz, ihr Mönche, von der Art der Form entfremdet und erlöst, von der Art des Gefühls, der Wahrnehmung, der Aktivität, der Erfassungsgewöhnung entfremdet, hanglos vom Wahn erlöst, so steht es durch die Erlösung fest, durch seine Festigkeit ist es zufrieden, durch seine Zufriedenheit ist es unerschütterlich, durch seine Unerschütterlichkeit gelangt es eben bei sich zum Nirvana: »Versiegt ist die Geburt, vollendet das Asketentum, die Aufgabe gelöst, nie mehr Welt« versteht er da. *[S 22, 45]*

Wie wenn da ein Lotosweiher läge mit klarem Wasser, kühl, durchscheinend, mit schönem Gestade, erquickend, und nahe am Wasser ein tiefer Wald: und es käme ein Mann heran, von der Hitze verzehrt, erschöpft, zitternd, verdurstend und ginge

geradewegs auf diesen Lotosweiher zu. Dann wäre er in den See eingetaucht, hätte im See gebadet, getrunken, und alle Qual, alle Erschöpfung und aller Fieberbrand wären ganz geheilt, und nun säße oder läge er im Wald, einzig von Wohlgefühlen erfüllt.
Ebenso ist ein Mensch, der sich nach endgültiger Beendigung von allem Drang und aller Verletzbarkeit die Gemüterlösung und Weisheiterlösung noch bei Lebzeiten offenbar gemacht, verwirklicht und errungen hat, einzig von Wohl erfüllt. *[M 12]*

Sariputta: »Ein Wohl, ihr Brüder, ist das Nirvana, ein Wohl, ihr Brüder, ist das Nirvana.«
Udayi: »Wie kann denn, Bruder, dort ein Wohl bestehen, wo es keine Fühlbarkeit mehr gibt?«
Sariputta: »Darin, Bruder, besteht ja gerade das Wohl, daß es keine Fühlbarkeit mehr gibt.« *[A IX, 34]*

Dieser ganzen Masse von Wahnsinn und Finsternis restlose Auflösung - das ist das Reich des Friedens, die erhabene Stätte, das Zur-Ruhe-Kommen aller Aktivitäten, das Loslassen aller Bezüge, das Versiegen des Durstes, die Befreiung vom Reiz, die Entrodung, die Auflösung, das Nirvana. *[S 48, 50]*

Da verweilt ein Mönch in der Vorstellung des unendlichen Wohles im Nirvana-Zustand, dabei ist er allzeit gleichmäßig und ganz von Wohl erfüllt. Ein solcher gewinnt noch bei Lebzeiten die von allem Drang und aller Verletzbarkeit freie Gemüterlösung. *[A VII, 17]*

Es gibt, ihr Mönche, ein Ungeborenes, Ungewordenes, Ungeschaffenes, Unzusammengesetztes. Gäbe es dieses Ungeborene, Ungewordene, Ungeschaffene, Unzusammengesetzte nicht, dann wäre in dieser Existenz ein Entrinnen aus dem Geborenen, Gewordenen, Geschaffenen, Zusammengesetzten nicht zu erkennen.
Weil es aber nun, ihr Mönche, ein Ungeborenes, Ungewordenes, Ungeschaffenes, Unzusammengesetztes gibt, darum läßt sich ein Entrinnen aus dem Geborenen, Gewordenen, Geschaffenen, Zusammengesetzten erkennen. *[Ud VIII, 3]*

Drei Merkmale des Ungeschaffenen, ihr Mönche, gibt es. Welche drei? Ein Entstehen zeigt sich nicht. Ein Vergehen zeigt sich nicht. Eine Veränderung des Bestehenden zeigt sich nicht. *[A III, 47]*

Der Denkgestillte entsteht nicht, vergeht nicht, erbebt nicht, verlangt nicht. Es gibt nichts mehr, wodurch er entstünde. Weil er nicht entsteht, wie sollte er vergehen? Weil er nicht vergeht, wie sollte er sterben? Weil er nicht erstirbt, wie sollte er erbeben? Weil er nicht erbebt, wonach sollte er verlangen? *[M 140]*

Wenn immer tiefer er durchschaut, wie die Zusammenhäufungen der Reihe nach entstehen und vergehen, ergreift ihn Glück und Freudigkeit, weil er die Todfreiheit erfaßt. *[Dh 374]*

Über den Zustand des Unbenennbaren

»Wenn dich nun jemand fragen würde: 'Dieses Feuer, das da vor dir erloschen ist, nach welcher Richtung ist es gegangen? Nach Osten, Westen, Norden, Süden?' Was würdest du auf diese Frage antworten?«

»Das trifft die Sache nicht, Herr Gautama. Weil ja, Herr Gautama, das Feuer bedingt durch Ergreifen von Heu und Holz gebrannt hat, wird es nach dessen Verbrauch, wenn es kein weiteres mehr ergriffen hat, nicht weiter ernährt wird, als 'erloschen' bezeichnet.«

»Ebenso ist auch jede Form, jedes Gefühl, jede Wahrnehmung, jede Aktivität, jede Erfassungsgewöhnung, durch welche man einen Vollendeten erkennen und bezeichnen könnte, vom Vollendeten überwunden, entwurzelt, einem entwurzelten Palmstumpf gleich, daß sie nicht mehr keimen, nicht mehr sich entwickeln können.
Von der Benennbarkeit als Form, Gefühl, Wahrnehmung, Aktivität, Erfassungsgewöhnung erlöst ist der Vollendete, tief, unermeßlich, unerforschlich wie der Ozean: 'Wiedererscheinen' trifft die Sache nicht, 'Nicht-Wiedererscheinen' trifft die Sache nicht, 'beides' oder 'keines' trifft die Sache nicht. *[M 72]*

Der Erwachte: »Wie eine Flamme durch den Hauch des Windes ausgeht und nicht mehr zu nennen ist, so der Gestillte, wenn erlöst wird vom Wollen, wenn er am Ziel ist und ist nimmermehr benennbar.«
Brahmane: »'Er ist zum Ziel gelangt' - soll das bedeuten, es gibt ihn nicht mehr, oder soll es heißen, daß er auf ewig heil, o sag Gestillter, denn du hast hier die Wahrheit selbst erfahren.«
Der Erwachte: »Den Heimgegangenen fassen keine Maße; was man auch sagen mag: Er ist es nimmer. Sind alle Eigenschaf-

ten überstiegen, so sind auch die Bahnen der Sprache überstiegen.« *[Sn 1074-76]*

»DU BIST ERWACHT...

Du bist erwacht, bist Lehrer auch, hast überwunden Todesweh, hast überwältigt jede Wunschgewalt, errettet rettest du nun andere auch. *[Sn 545]*

...BIST DU?«

Verzeichnis der benutzten Texte

A = Anguttara-nikaya (Angereihte Sammlung)
D = Digha-nikaya (Längere Sammlung)
Dh = Dhammapada (Wahrheitspfad)
It = Itivuttaka
M = Majjhima-nikaya (Mittlere Sammlung)
Sn = Sutta-nipata (Sammlung der Bruckstücke)
S = Samyutta-nikaya (Gruppen-Sammlung)
Thag = Theragatha (Lieder der Mönche)
Thig = Therigatha (Lieder der Nonnen)

Horizonte der Weisheit

Bahá'u'lláh
Im Land der Einheit

Buddha
Der Erwachte spricht

Jesus
Worte der Weisheit

Lao Tse
Tao Te King

Jeweils 72 Seiten. Format 14 x 14 cm. Broschur.

In Vorbereitung:
Bände mit Texten von Muhammad, Krishna, Zoroaster